Made in the USA
Monee, IL
17 June 2022

98170372R00057